Buddha Within- Leerbuch

ISBN: 978-1-4716-3691-2

buddha within

(Gott- Göttin in dir)

Du bist ein wunderbares Wesen des Lichts.

Der göttliche Funke liegt als Same in dir
und wartet darauf, erweckt zu werden.

Nähre den Samen.
Halte ihn in dir, geduldig, freudig.

Wenn er gereift ist,
wird Gott-Göttin geboren
in dir,
aus dir,
durch dich hindurch.

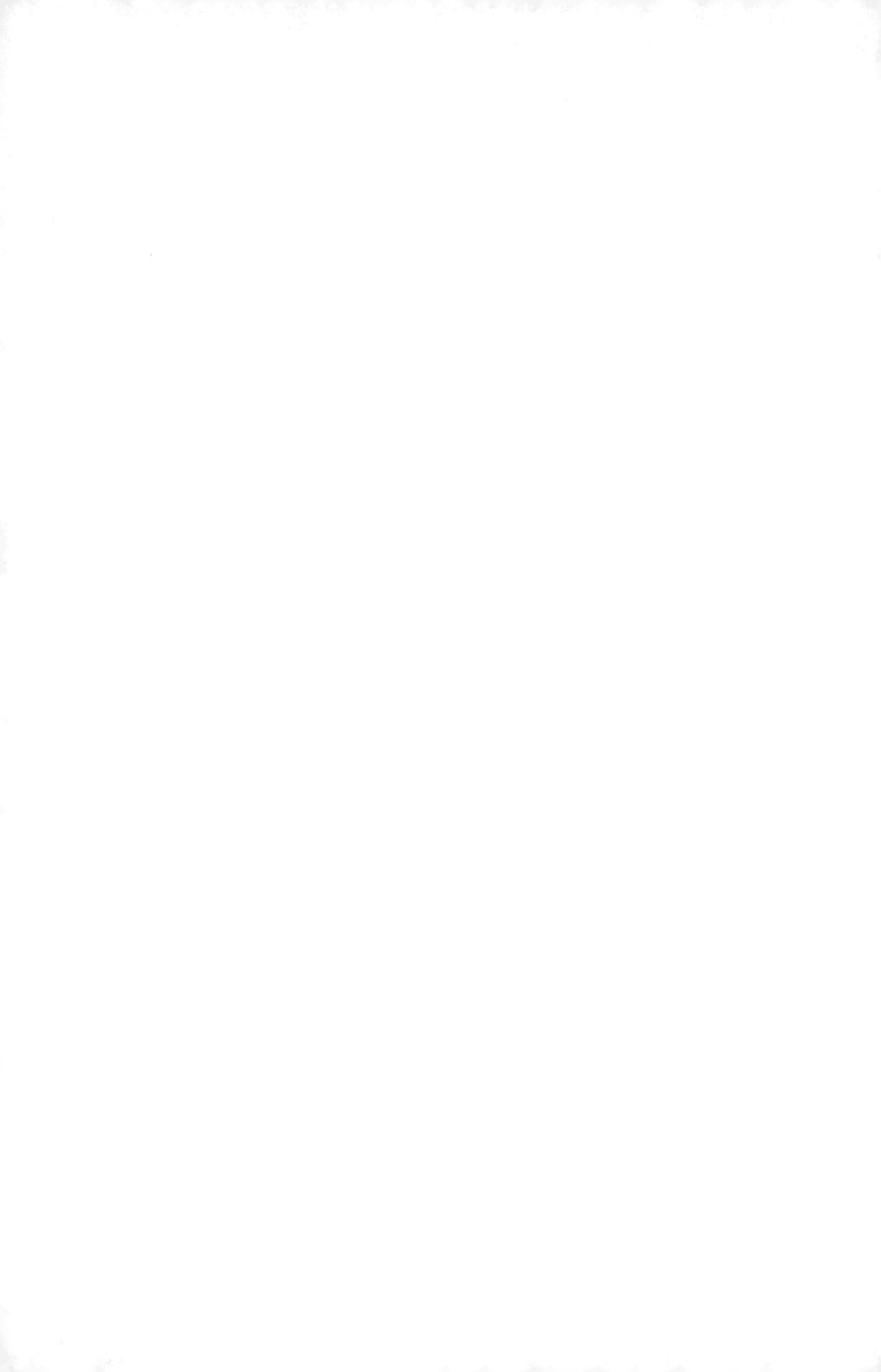

www.ingramcontent.com/pod-product-compliance
Lightning Source LLC
Chambersburg PA
CBHW051333170526
45166CB00002B/790